Soleils de bonheur

Soleils de bonheur
est la traduction du livre *Sonnenstrahlen des Glücks* (Herder) et est publié en coédition par Novalis (Canada) et les Éditions du Signe (France).

Traduction : Pascale Dumas

Couverture (Novalis) : Christiane Lemire, d'après les photographies de Frantisek Zvardon

Couverture (Éditions du Signe) : Danielle Siegelbaum

Photographie de l'auteur : KNA-Bild

Photographies : Frantisek Zvardon

Iconographie : Véronique Herbreteau

Éditique : Christiane Lemire

Dépôts légaux : 3e trimestre 2001
Bibliothèque nationale du Canada
Bibliothèque nationale du Québec

Novalis, C.P. 990, Ville Mont-Royal (Québec) H3P 3M8

Nous reconnaissons l'aide financière du gouvernement du Canada par l'entremise du Programme d'aide au développement de l'industrie de l'édition (PADIÉ) pour nos activités d'édition.

ISBN (Novalis) : 2-89507-190-X
ISBN (Éditions du Signe) : 2-7468-0348-8

Imprimé en Italie par Canale

Données de catalogage avant publication (Canada)

Bosmans, Phil

Soleils de bonheur

(Collection Harmonie)
Traduction de : Sonnenstrahlen des Glücks.
Publ. en collab. avec : Éditions du Signe.

ISBN 2-89507-190-X (Novalis)
ISBN 2-7468-0348-8 (Éditions du Signe)

1. Joie. - Méditations. 2. Méditations I. Titre. II. Collection.

BV4647.J68B6714 2001 241'.4 C2001-940550-2

NOVALIS

ÉDITIONS DU SIGNE

Phil Bosmans

Soleils de bonheur

Photographies de Frantisek Zvardon

Novalis • Éditions du Signe

Aujourd'hui, c'est le temps d'être heureux !
Aucune autre journée qu'aujourd'hui
ne te sera donnée pour vivre
et pour être en paix et joyeux.
Hier est déjà du passé.
Demain reste encore à venir.
Aujourd'hui est l'unique jour
dont tu disposes.
Fais de ce jour ta meilleure journée.
Si tu ne vis pas aujourd'hui,
tu auras perdu la journée.
N'assombris donc pas ton esprit
avec les peurs et les soucis de demain.
N'alourdis donc pas ton cœur
avec toute la misère d'hier.
Tu vis une seule journée : aujourd'hui !

Si tu ne peux être heureux aujourd'hui,
ne t'attends pas à un miracle pour demain.
Pour vivre vraiment, tu dois vivre aujourd'hui.
C'est aujourd'hui qu'il te faut être heureux.

Prends le temps d'être heureux.
Tu es un miracle qui existe, qui vit,
un miracle incomparable,
sans pareil, unique au monde.
Pourquoi n'es-tu pas étonné ?
Pourquoi n'es-tu pas content de toi-même
et de toutes les personnes qui t'entourent ?
Te paraît-il si normal
que tu vives, que du temps te soit donné,
du temps pour chanter et pour danser,
du temps pour être heureux ?

Un petit peu de vie t'est confié : ta vie, ta petite et courte vie t'est confiée à nouveau chaque jour. Vis-tu cette journée avec plaisir ? As-tu hâte de la commencer ? Ou sens-tu qu'un fardeau pèse sur tes épaules ? Personne ne peut changer cela. Sauf toi. Car personne au monde ne peut vivre cette journée à ta place. Reçois chaque jour comme un cadeau. N'oublie pas : chaque jour t'est donné comme une éternité pour être heureux.

CLIPPERS

Vivre à neuf chaque jour !
Tu es neuf quand tu t'étonnes
parce que la lumière se lève chaque matin,
quand tu es heureux
parce que tes yeux voient,
parce que tes mains touchent,
parce que ton cœur bat.
Tu es neuf quand tu prends conscience que tu vis.
Tu es neuf quand tu regardes les humains et les choses
avec un regard limpide,
quand tu peux te réjouir
des fleurs qui sont sur ta route.
Qui ne sait plus admirer
ne verra jamais un miracle.

Accepte ce qu'aujourd'hui te donne :
la lumière de ce jour,
l'air et la vie,
le rire de ce jour,
les larmes et la musique,
le miracle de ce jour.

J'ai cherché la cause profonde du bonheur humain. Ce n'est pas une question d'argent ni de biens ; pas une affaire de travail ni de plaisir. Cela n'a rien à voir avec le commerce, le succès ou l'oisiveté. Chez les personnes heureuses, j'ai toujours trouvé une confiance profonde, la joie spontanée que procurent les petites choses et une grande simplicité. Les gens heureux ne connaissent pas l'envie. Jamais chez les personnes heureuses je n'ai rencontré d'inquiétude, de stress. Ni de tendance égoïste. Par contre, elles avaient généralement un grand sens de l'humour.

J'ai rencontré beaucoup de personnes, toutes différentes, toutes uniques. Aucune n'avait gagné le gros lot : le bonheur parfait et sans tache. Toutes avaient quelque chose : un petit malheur, un fardeau, une blessure. Les croyants appellent cela leur croix. D'autres se disent plutôt : « Je n'ai pas de chance. » Bon nombre de personnes demeuraient heureuses, joyeuses malgré la souffrance. D'autres se laissaient aller à la première difficulté ou au premier échec. Les déprimés se résignaient. Souvent, les personnes avaient vécu des situations très semblables ; mais ce qui en est sorti est complètement différent.

Les gens heureux
sont reconnaissants pour chaque don ;
ils apportent du soleil dans la maison ;
ils portent dans leur cœur un paradis
où tout le monde est accueilli.

Les gens heureux
restent tournés les uns vers les autres,
dans un mouvement d'amour ;
ils s'accordent entre eux l'espace nécessaire
pour que chaque personne puisse être elle-même,
dans le respect de son propre rythme.

Les gens heureux
n'ont pas besoin de beaucoup pour être heureux ;
ils ne se complaisent pas dans leurs problèmes ;
ils font eux-mêmes quelque chose
plutôt que de toujours tout attendre des autres.

Les gens heureux
vivent en paix et répandent la paix ;
ils savent voir le bon chez les autres ;
ils apportent la lumière dans l'obscurité ;
ils ne sont jamais dangereux.

Le bonheur n'a pas de prix.
Bien des gens font leur propre malheur
en s'imaginant qu'on peut acheter le bonheur.
Lorsque les êtres humains cherchent le bonheur,
ils cherchent le plus souvent l'argent.
Ils pensent qu'argent est synonyme de bonheur.
Plus tard, généralement trop tard,
ils font l'expérience du contraire.

Le bonheur, on ne peut le déposer dans un compte.
Le bonheur, on ne peut le fabriquer
dans une chaîne de montage.
Le bonheur, on ne peut le produire en laboratoire.
Le bonheur, on ne le fait pas d'un coup de baguette.

Avec de l'argent, tu peux t'acheter une belle maison,
mais pas la chaleur ni la fraternité.
Avec de l'argent, tu peux t'acheter un lit douillet,
mais pas le sommeil.
Avec de l'argent, tu peux acheter des relations,
mais pas l'amitié.
Avec de l'argent, tu peux ouvrir toutes les portes
sauf celle du cœur.

Ce qui importe pour être heureux,
ce n'est pas de posséder plus,
mais d'exiger moins.
Beaucoup de personnes
font exactement l'inverse.
Elles sont insatisfaites de ce qu'elles ont.
C'est pourquoi elles achètent des choses
dont elles n'ont pas vraiment besoin.
Ne marche pas dans cette voie !
Tu auras peut-être un peu de superflu,
mais, tôt ou tard,
tu t'apercevras que ces choses
ne te rendent pas plus heureux.
Ce n'est pas quand tu possèdes beaucoup
que tu es riche et heureux,
mais quand tu peux te passer de beaucoup.

Le bonheur, tu ne peux pas l'acheter ;
il n'est d'amour que gratuit.
Plus que d'argent, nous avons besoin d'amour ;
l'amour est le pouvoir d'achat du bonheur.

Cherche le bonheur
dans l'argent et dans les biens :
tu ne le trouveras jamais.
Cherche l'argent : tu deviendras riche,
et peut-être corrompu.
Cherche-toi sans cesse toi-même :
tu deviendras rempli de ton Moi
et sans doute gonflé d'orgueil.
Cherche le bonheur qui t'est proposé
par les annonces, les affiches,
les supermarchés et la publicité.
On te fait gober mille rêves d'un monde
qui te promet un bonheur mille fois plus grand.
Et mille fois, on te trompe.

Quand nous voulons être heureux,
nous devons y mettre le prix.
Le prix de notre bonheur :
nous donner nous-même.
Le bonheur est comme une ombre :
il te suit alors que tu n'y penses pas,
comme l'ombre de ton amour.
Le bonheur est comme un écho
dans le fond de ton cœur :
il répond au don que tu fais de toi-même.

Pourquoi t'intéresses-tu toujours
à ce qu'il y a de l'autre côté ?
Pourquoi penses-tu toujours
que les autres ont plus de chance que toi ?
Tu dis si facilement :
« Les autres vont beaucoup mieux que moi. »

L'autre rive est toujours plus belle.
Elle se trouve toujours plus loin,
et tu es comme pétrifié,
les yeux fixés sur son apparente beauté.
As-tu jamais pensé que,
depuis l'autre rive, les gens te regardent, eux aussi,
et se disent que tu es beaucoup plus heureux qu'eux ?
Car eux aussi ne voient que le côté alléchant de ta vie.
Tes soucis, petits et grands,
ils ne les connaissent pas.
Ton bonheur ne se trouve pas sur l'autre rive.
Ton bonheur se trouve en toi.

Beaucoup sont malheureux
parce qu'ils pensent que le bonheur s'achète.
Mais on ne peut acheter le bonheur.
Heureusement !

Les choses essentielles de la vie
sont gratuites.
Elles sont données pour rien :
le sein d'une mère,
le rire d'un enfant,
le soleil et l'amitié.
La lumière du printemps,
le chant d'un oiseau,
le murmure d'un ruisseau.
La sève dans les arbres,
les flots de la mer,
le silence et le calme.
Le septième jour,
la vie et la mort,
l'être humain sur la terre.

Il est quelqu'un qu'il te faut apprendre à connaître plus intimement. Même si tu ne parviens jamais à saisir tout à fait pourquoi cette personne fait ceci et non cela, pourquoi elle se sent tantôt comme ceci, tantôt comme cela. Cette personne, tu dois vivre avec elle tous les jours. Elle habite ton propre corps. Cette personne, c'est toi.

Pour être heureux, tu dois d'abord te sentir bien dans ta peau. Pour être heureux, tu dois devenir libre, libre d'égocentrisme, aussi ; libre de susceptibilité maladive, d'impatience et d'envie. Le meilleur maître en cette matière est la vie ordinaire, la vie de tous les jours. Les longues heures monotones, le travail, toujours le même et épuisant, les malentendus et les déceptions, les maladies et les offenses, les souhaits non exaucés et les inévitables frictions. Tout cela te polira comme un diamant. Si seulement tu peux dire oui. Cela fait mal, je le sais. Mais il n'y a pas d'autre chemin pour parvenir au vrai bonheur.

On souhaiterait retenir une belle journée,
une heure de bonheur,
mais chaque soir, la journée s'en va ;
on doit la rendre, la laisser aller.
Seule la personne qui apprend à laisser aller
au lieu de retenir
peut vivre libre, heureuse et détendue,
sans peur.

La peur a de multiples visages :
peur d'être abandonné et seul ;
peur d'échouer et de perdre ;
peur devant un avenir incertain ;
peur de la violence, du malheur, de la maladie.
Dans toute peur
se cache la peur de la mort.
C'est parce qu'on tient si fort à la vie
qu'il fait si mal de laisser aller.
Pour vivre, tu dois apprendre à mourir.
Qui peut tout laisser aller
ne souffre d'aucune perte.

Regarde un peu les nuages, comme ils avancent, créatures éphémères, dans lesquelles ton imagination découvre des monstres mystérieux. Regarde l'enfant, comment il dessine. Avec des crayons de couleur, son imagination fait apparaître tout un monde sur un petit bout de papier. Regarde l'homme âgé qui caresse un chat, les amoureux à l'arrêt d'autobus, le bébé qui dort dans la poussette. Et tu découvriras que dans toute chose, il y a plus que ce qu'on voit en surface : il y a un rappel du paradis. Il se produit chaque jour tant de miracles qu'il serait impossible de les énumérer tous. Qui peut se réjouir des petites choses habite un jardin de bonheur.

Se réjouir des petits miracles :
avec cette clé,
tu peux être un petit peu heureux,
en tout temps et en tout lieu.

Viens au calme, goûte le silence,
pénètre son secret.
Ici, le cœur découvre les réponses
que la tête ne peut trouver.
Ici se trouvent les joies profondes
que les humains ont perdues
au milieu des activités et du bruit.
Ne reste pas là,
obsédé par le travail, les affaires et l'argent.
Ne regarde pas tant les autres
si tu n'en tires que frustration.
Ne regarde pas tant la télévision
si tu n'en tires que déprime.
Ne te laisse pas aspirer par un monde
de sensationnel et de spectacle,
qui te prive du bonheur d'être libre.
Libère-toi de ces chaînes.
Reviens à un mode de vie simple.
Dis-toi donc : « Je n'ai pas besoin de tout avoir.
J'ai assez. »

Si tu es malheureux, d'autres, aussi, seront malheureux. La plupart du temps, tu te fais trop de souci. Bien sûr, on a parfois toutes les raisons d'être triste. Une personne que tu aimes apprend une mauvaise nouvelle, elle est malade ; peut-être qu'elle ne guérira jamais. Tu souffres avec elle. Avec raison.

Ce n'est pas la même chose quand tu profites des petits incidents quotidiens pour t'empoisonner l'existence. Pour une parole dure, pour une tache sur tes vêtements ou une égratignure sur ton auto ; pour un compliment qui n'est pas venu ou un reproche injustifié. Les petits accidents peuvent être pénibles. Ne les rends surtout pas pires qu'ils ne sont réellement. Tu n'as pas le droit de faire ça. Sinon, le mécontentement ne fera qu'augmenter et tout ton entourage sera sous pression.

Tu n'as pas le droit d'être malheureux,
car quand tu es malheureux,
tu ne peux rendre personne heureux.

Bien des personnes n'arrivent jamais à être heureuses.
Pour elles, le bonheur dépend de mille choses,
et il leur manque toujours quelque chose.
Il manque toujours un morceau essentiel au bonheur.
Toute leur vie, elles cherchent
les petites pièces manquantes.
Elles ferment les yeux devant les nombreux morceaux
qui pourraient les rendre heureuses.
Elles ne voient que les taches sombres.
Leurs journées deviennent grises,
même quand il fait soleil.

Pour être un petit peu heureux,
pour trouver un petit coin de ciel sur la terre,
tu dois te réconcilier avec la vie,
avec ta propre vie, telle qu'elle est aujourd'hui.
Tu dois faire la paix avec un visage
que tu n'as pas choisi,
avec un corps qui ne te permet pas toujours
ce que tu souhaiterais.
Faire la paix avec les personnes qui t'entourent,
avec leurs défauts et leurs faiblesses.

Les mauvais jours, tu sais ce que c'est.
Ces journées où tout va de travers,
où tu vois tout en noir
et penses que ça ne changera jamais.
Des journées interminables.

Tout être humain a ses mauvais jours.
Que faire, alors ?
Aux mauvais jours, prends patience.
Sois d'abord très patient avec toi-même.
Tout doit aller si vite de nos jours.
Nous voulons que tous nos désirs
soient exaucés tout de suite.
Rien qu'en appuyant sur un bouton.
Pourtant, la vie n'est pas une machine
qui ne produirait que de bonnes journées.

Il y a des bons jours et des mauvais jours.
Les bons jours passent, cela, tu le sais,
et ça te paraît terrible.
Mais les mauvais jours passent, eux aussi.
Pourquoi ne penses-tu pas à cela,
et pourquoi cette pensée ne te console-t-elle pas ?

Aimer les gens : c'est mon passe-temps favori.
Pour ce passe-temps, il vaut la peine de vivre.

Aimer les gens, cela veut dire
aimer sa propre femme, son propre mari ;
aimer son père, sa mère ;
aimer sa voisine, son collègue, ses supérieurs,
la vendeuse, la personne handicapée ;
aimer toutes les personnes que l'on rencontre,
avec qui l'on collabore et avec qui l'on vit.

Aimer les gens, cela veut dire
leur montrer un visage aimable ;
leur parler, leur tendre la main ;
les aider quand ils en ont besoin ;
les soutenir dans les moments de détresse.

Aimer les gens, cela signifie souvent
sortir de sa carapace,
se faire violence,
mater son orgueil.

Parfois, on dirait que deux personnes habitent en toi. Une qui fait tout bien et que tu présentes au monde extérieur, et une autre qui te fait honte. Comme s'il y avait une cassure en chaque être humain. Chacun aimerait bien vivre et, cependant, fait des choses que lui-même ne comprend pas.

Pourquoi en est-il ainsi ? Parce que l'être humain n'est ni un dieu, ni un ange, ni une super-créature, mais plutôt un petit pèlerin en marche sur un long chemin. Sa propre faiblesse le rend compréhensif et doux envers ses semblables. Sa suffisance le rend cruel, incapable de se mettre à la place des autres, de les consoler, de les encourager et de leur pardonner.

Le bonheur et l'amitié fleurissent
là où les humains sont devenus doux,
doux dans leur paroles
et doux dans leurs rapports entre eux.

Tu sais combien les humains sont pauvres et petits,
combien ils sont seuls,
combien ils sont sensibles et susceptibles.
Tu sais qu'il y a des larmes
que personne ne peut arrêter.
Il n'y a guère de tristesse plus grande
que celle d'un cœur que personne ne comprend.
Tu sais que, pour bien des gens,
la vie est un supplice.

Sois doux !
Va vers les personnes
avec tendresse,
car les personnes sont fragiles.
Quitte la tanière close
de ta suffisance.
Ne sois pas dur.
Ne sois pas dur, non plus, dans tes jugements.
Va vers les personnes
qui sont seules et qui souffrent.
Offre-leur le pain de ta bonté.
Sois pour elles un refuge, un havre, une oasis.

Dans le ciel de notre vie ensemble, le soleil est masqué par les nuages de la méfiance, par le brouillard du soupçon et de l'hypocrisie, par la nuit de la colère et de la haine. Le soleil de notre vie est bloqué par les murs que nous avons dressés dans notre cercle de famille, dans notre voisinage immédiat, murs invisibles, murs sans pitié. De sorte que nous ne pouvons plus voir les autres. Nous ne voulons plus entendre parler d'eux, nous ne voulons plus rien savoir d'eux.

La réconciliation est la seule main
qui repousse les nuages sombres.
La réconciliation est la première lueur qui, au matin,
chasse peu à peu la nuit.
La réconciliation est la clé
qui rouvre les portes barricadées.

Il n'est jamais trop tard pour se réconcilier,
jamais trop tard pour aimer,
jamais trop tard pour être heureux.

Heureuse est la personne
qui ne court pas après le bonheur
comme un papillon,
mais est reconnaissante
pour tout ce qui lui est donné.

Peut-être que je cherche le bonheur
beaucoup trop loin.
Le bonheur, c'est comme les lunettes :
je ne les vois pas,
et elles sont là, sur mon nez.
Si proches !

Comment pourrions-nous donc devenir heureux
si nous attendons toujours tout des autres ?
Dieu a donné quelque chose à chaque être humain
pour lui permettre de rendre les autres heureux.

Toi, être humain,
tu n'es pas fait
pour fonctionner, pour produire
et pour t'amuser.
Tu es fait pour être humain.
Tu es créé
pour la lumière et pour la joie,
pour rire et pour chanter,
pour vivre heureux et pour rendre heureuses
les personnes qui t'entourent.

Toi, être humain,
tu es créé à l'image
d'un Dieu qui est amour
et qui veut le bonheur des humains.
Créé avec des mains pour donner
et un cœur pour aimer ;
créé avec deux bras
qui sont juste assez longs
pour étreindre.

Ai-je le droit d'être heureux, alors que je suis confronté quotidiennement à tant d'injustice et de discorde, à tant de misère dans l'humanité ? Voilà une question qui m'obsède. Je me sens démuni chaque fois que je fais l'expérience de l'impuissance infinie des humains à être un petit peu heureux.

Mon désir le plus cher, c'est de rendre les gens heureux. Mais je le sais et j'en ai largement fait l'expérience : quand je reste là à me décourager et à me décevoir moi-même, quand, aussi, toutes les lumières s'éteignent en moi, je ne peux plus aider qui que ce soit. Je veux être heureux, pour rendre les autres heureux.
Ce qui manque à mon bonheur,
c'est le bonheur des autres.

Dieu dit : « Mon objectif est atteint
quand je vois que les humains sont heureux.
Le but de ma création,
c'est le bonheur de l'humanité.
Et j'ai besoin d'êtres humains heureux
pour en rendre d'autres heureux. »

La nostalgie du paradis perdu
est inscrite dans le cœur humain.
Le paradis reviendra
pour redonner le bonheur aux humains.
Pour être heureux,
il faut aimer et être aimé.

Un beau matin de printemps,
je me trouvais dans le jardin, dans mon petit jardin.
L'air, le doux soleil, le jour nouveau...
Je l'ai senti : le miracle m'entourait.
J'étais inondé de reconnaissance
pour la vie, pour toute vie.
J'ai vu les premiers crocus
et je me suis dit :
« Dieu me tend les mains,
des mains remplies de fleurs. »
La vie était partout.
La vie dans l'air. La vie sur la terre.
Je me suis dit :
« Le lieu où tu te trouves est sacré.
Le paradis est ici, tout proche. »